Impressum
Verlag: BABADADA GmbH, Nedderfeld 112 , 22529 Hamburg
Geschäftsführer / Verlagsleitung: Harald Hof
Druck: Books on Demand GmbH, In de Tarpen 42, 22848 Norderstedt

Imprint
Publisher: BABADADA GmbH, Nedderfeld 112 , 22529 Hamburg, Germany
Managing Director / Publishing direction: Harald Hof
Print: Books on Demand GmbH, In de Tarpen 42, 22848 Norderstedt, Germany

学校

iskola

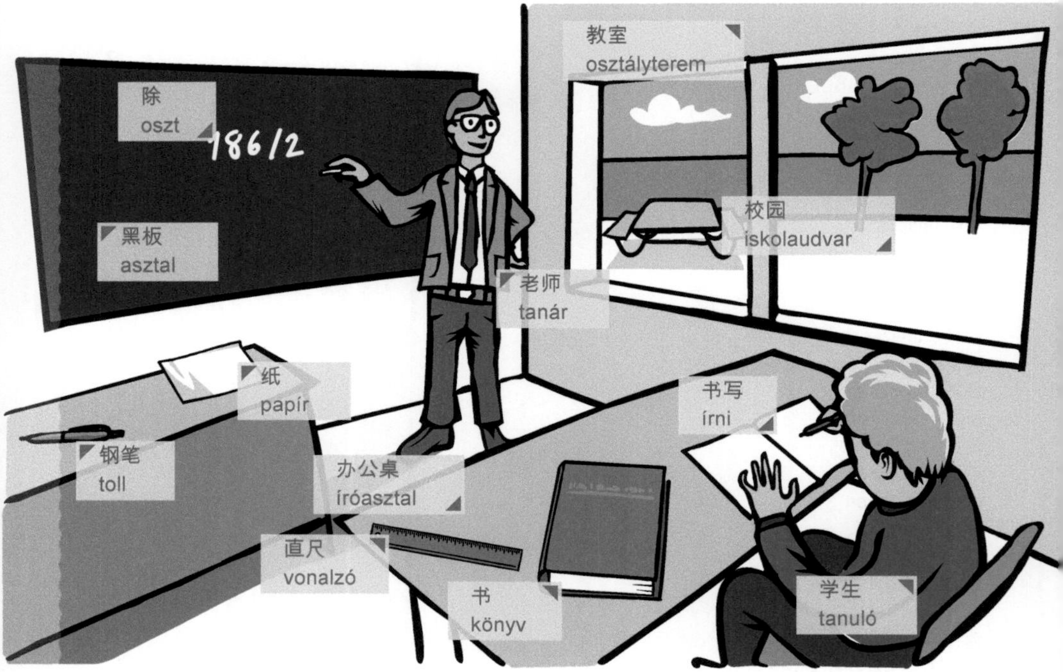

教室
osztályterem
除
oszt
186/2
黑板
asztal
校园
iskolaudvar
老师
tanár
纸
papír
书写
írni
钢笔
toll
办公桌
íróasztal
直尺
vonalzó
书
könyv
学生
tanuló

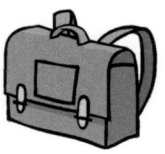

书包

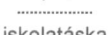

iskolatáska

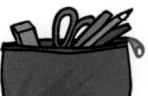

铅笔盒

tolltartó

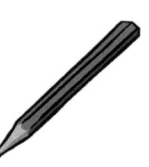

铅笔

ceruza

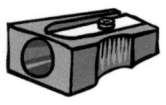

卷笔刀

ceruzahegyező

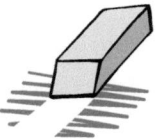

橡皮擦

radír

画板

rajzfüzet

图画
rajz

画笔
ecset

颜料盒
festőkészlet

剪刀
olló

胶水
ragasztó

练习册
munkafüzet

家庭作业
házi feladat

数字
szám

加
összead

减
kivon

乘
szoroz

计算
számol

字母
betű

ABCDEFG
HIJKLMN
OPQRSTU
VWXYZ

字母表
ABC

字
szó

课文

szöveg

读

olvasni

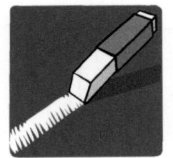

粉笔

kréta

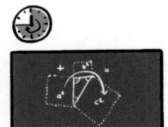

上课

tanóra

登记

napló

考试

vizsga

证书

bizonyítvány

校服

iskolai egyenruha

教育

oktatás

百科全书

enciklopédia

大学

egyetem

显微镜

mikroszkóp

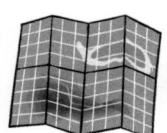

地图

térkép

废纸筐

papír-hulladék gyűjtő

旅行

utazás

酒店
hotel
Grand
青年旅社
szállás
ROOMS
外币兑换处
valutaváltó iroda
EXCHANGE
手提箱
bőrönd
汽车
autó

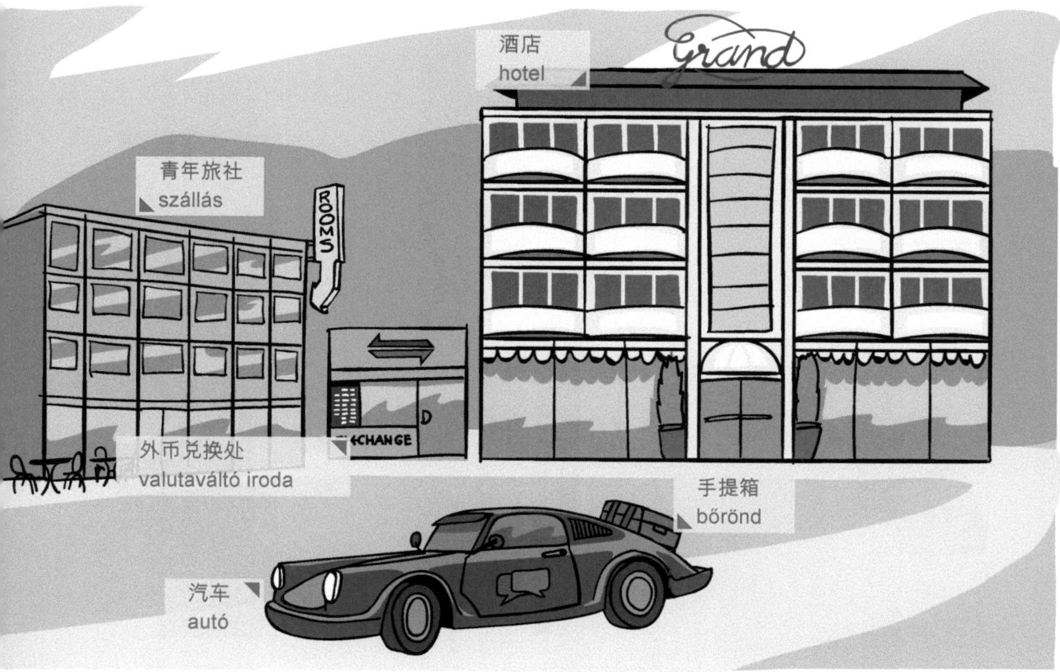

语言

nyelv

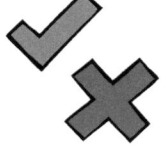

是/否

igen/nem

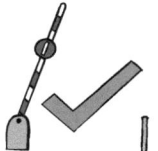

好的

rendben

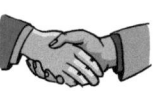

您好

szia

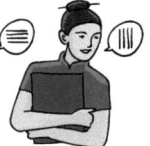

翻译员

fordító

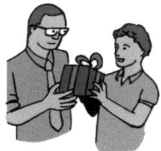

谢谢

köszönöm

……多少钱？

mennyibe kerül…?

我不明白

nem értem

问题

probléma

晚上好！

Jó estét!

早上好！

jó reggelt!

晚安！

jó éjszakát!

再见

viszontlátásra

方向

útirány

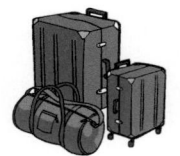

行李

poggyász

包

táska

双肩包

hátizsák

客人

vendég

房间

szoba

睡袋

hálózsák

帐篷

sátor

旅游信息

turista információ

海滩

strand

信用卡

hitelkártya

早餐

reggeli

午餐

ebéd

晚餐

vacsora

票

jegy

电梯

lift

邮票

bélyeg

边界

határ

海关

vám

大使馆

nagykövetség

签证

vízum

护照

útlevél

交通运输
közlekedés

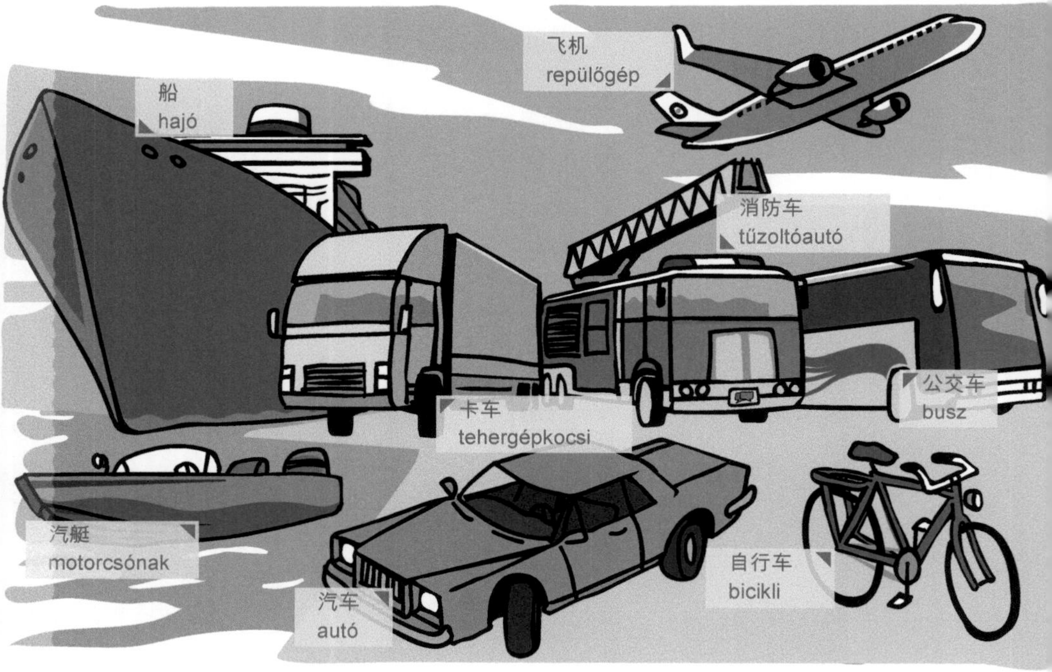

飞机
repülőgép
船
hajó
消防车
tűzoltóautó
公交车
busz
卡车
tehergépkocsi
汽艇
motorcsónak
自行车
bicikli
汽车
autó

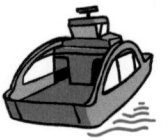

摆渡船

komp

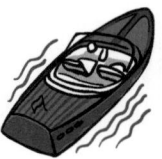

小船

csónak

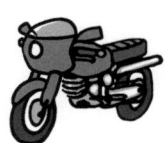

摩托车

motorkerékpár

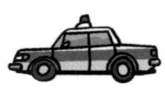

警车

rendőrautó

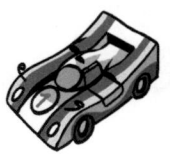

赛车

versenyautó

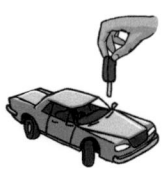

租车

bérautó

拼车
telekocsi

拖车
vontató

垃圾车
szemetes autó

发动机
motor

汽油
üzemanyag

加油站
benzinkút

交通标志
közlekedési tábla

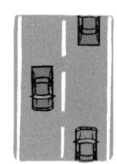

交通
forgalom

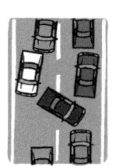

交通堵塞
forgalmi dugó

停车场
parkoló

火车站
vonatállomás

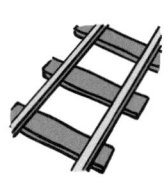

轨道
sínek

火车
vonat

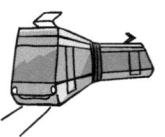

电车
villamos

货车
vagon

直升机

helikopter

机场

repülőtér

塔

torony

乘客

utas

集装箱

konténer

纸板箱

kartondoboz

手推车

taliga

篮子

kosár

起飞/降落

felszáll / leszáll

城市

város

村庄

falu

市中心

városközpont

房子

ház

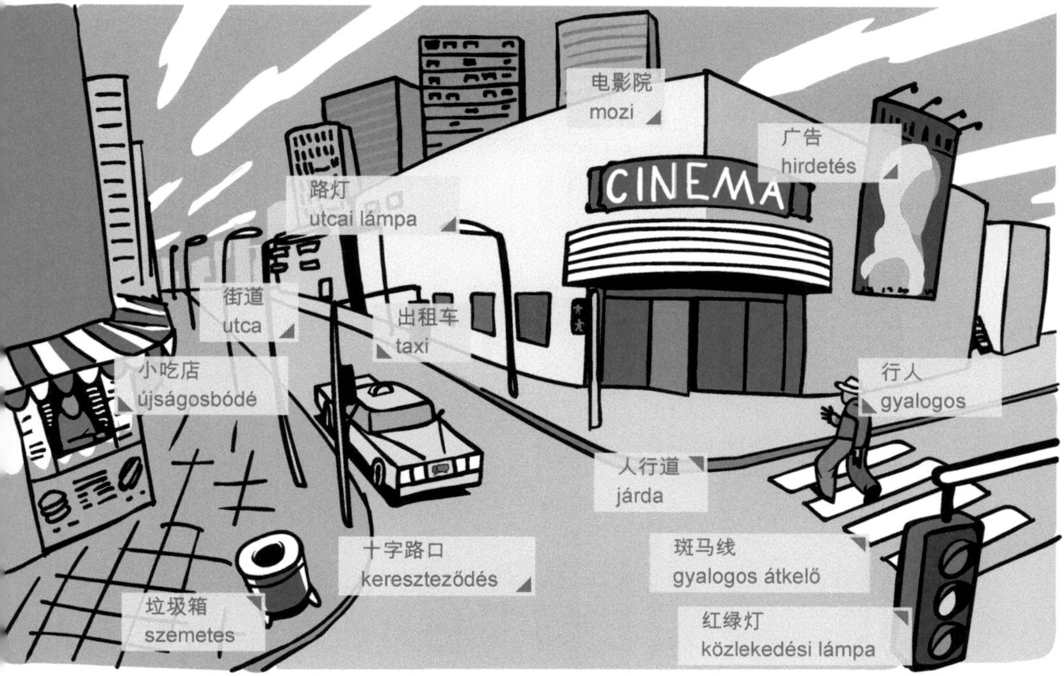
电影院
mozi
广告
hirdetés
CINEMA
路灯
utcai lámpa
街道
utca
出租车
taxi
小吃店
újságosbódé
行人
gyalogos
人行道
járda
十字路口
kereszteződés
斑马线
gyalogos átkelő
垃圾箱
szemetes
红绿灯
közlekedési lámpa

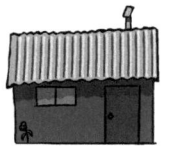

小屋

kunyhó

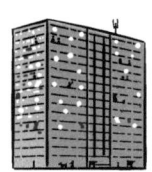

公寓

lakás

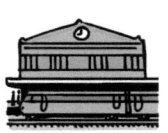

火车站

vonatállomás

市政厅

városháza

MUSEUM

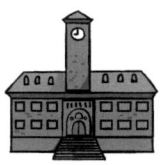

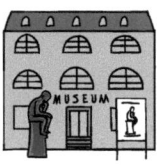

博物馆

múzeum

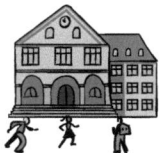

学校

iskola

大学
egyetem

银行
bank

医院
kórház

酒店
hotel

药房
gyógyszertár

办公室
iroda

书店
könyvesbolt

商店
üzlet

花店
virágüzlet

超市
szupermarket

市场
piac

百货商店
áruház

鱼店
halárus

购物中心
bevásárló központ

海港
kikötő

公园

park

长凳

pad

桥

híd

楼梯

lépcső

地铁

metró

隧道

alagút

公交车站

buszmegálló

酒吧

bár

餐馆

étterem

邮筒

postaláda

路标

utcatábla

停车计时器

parkoló óra

动物园

állatkert

游泳馆

uszoda

清真寺

mecset

农场

gazdálkodás

污染

környezetszennyezés

墓地

temető

教堂

templom

操场

játszótér

寺庙

szentély

地形

táj

树叶
levél

指示牌
útjelző tábla

路
út

草地
rét

石头
kő

徒步旅行者
túrázó

树
fa

河
folyó

草
fű

花
virág

峡谷

völgy

山

domb

湖

tó

森林

erdő

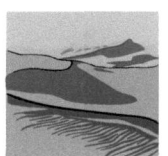

沙漠

sivatag

火山

vulkán

城堡

kastély

彩虹

szivárvány

蘑菇

gomba

棕榈树

pálmafa

蚊子

szúnyog

苍蝇

légy

蚂蚁

hangya

蜜蜂

méhecske

蜘蛛

pók

甲虫
bogár

青蛙
béka

松鼠
mókus

刺猬
sündisznó

野兔
nyúl

猫头鹰
bagoly

鸟
madár

天鹅
hattyú

野猪
vaddisznó

鹿
szarvas

麋鹿
rénszarvas

水坝
gát

风力发电机
szélturbina

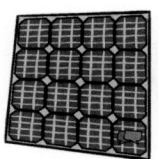

太阳能电池板
napelem

气候
éghajlat

餐馆

étterem

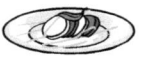

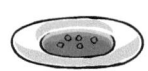

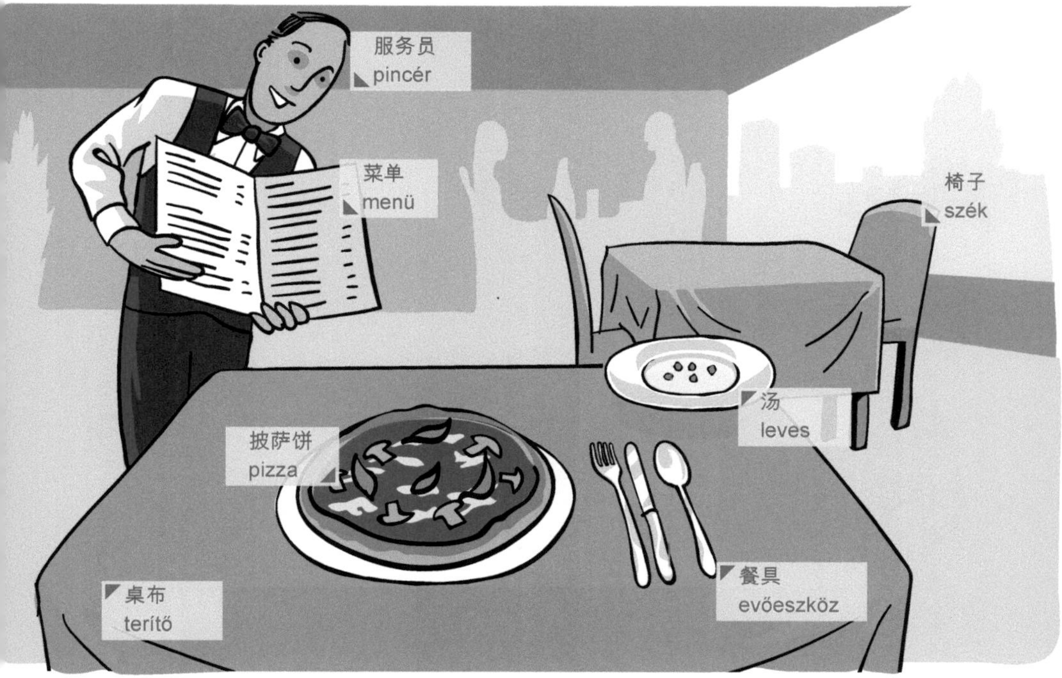

服务员
pincér
菜单
menü
椅子
szék
汤
leves
披萨饼
pizza
餐具
evőeszköz
桌布
terítő

前菜

előétel

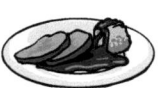

主菜

főétel

甜点

desszert

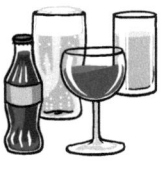

饮料

italok

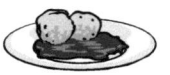

食物

étel

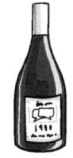

瓶子

üveg

快餐

gyorsétel

街边小吃

gyorsétel

茶壶

teás kanna

糖盒

cukortartó

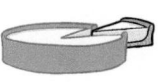

一份饭菜

adag

意式咖啡机

eszpresszógép

高脚椅

bárszék

账单

számla

托盘

tálca

刀

kés

餐叉

villa

勺子

kanál

茶匙

teáskanál

餐巾

szalvéta

玻璃杯

pohár

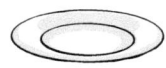

碟子

tányér

汤盘

leveses tányér

碟子

csészealj

酱

szósz

盐瓶

sószóró

胡椒磨

borsőrlő

醋

ecet

食用油

étkezési olaj

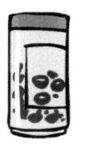

调味料

fűszerek

番茄酱

ketchup

芥末

mustár

蛋黄酱

majonéz

超市

szupermarket

特价
különleges ajánlat
FOR
顾客
ügyfél
乳制品
tejtermék
水果
gyümölcsök
购物车
bevásárló kocsi

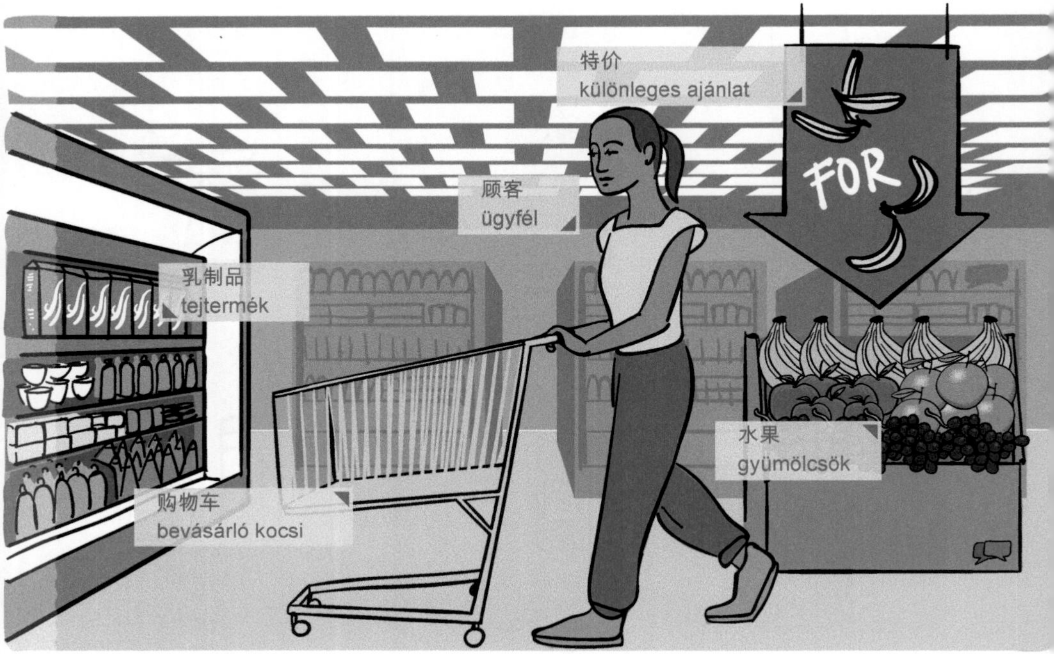

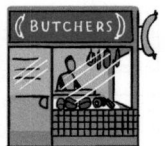

BUTCHERS

肉铺

hentes

BAKERY

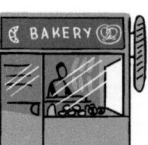

面包房

pékség

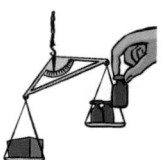

称重

nyom valamennyit

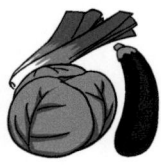

蔬菜

zöldség

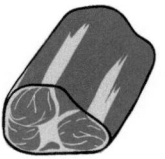

肉

hús

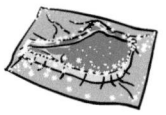

冷冻食品

fagyasztott áru

冷盘

felvágott

罐头食品

konzerv

洗衣粉

mosópor

甜食

édességek

日用品

háztartási termék

清洁用品

tisztítószerek

销售员

eladó

收银机

pénztárgép

收银员

eladó

购物清单

bevásárló lista

开放时间

nyitva tartás

钱包

levéltárca

信用卡

hitelkártya

袋子

zacskó

塑料袋

műanyag zacskó

水

víz

果汁

gyümölcslé

牛奶

tej

可乐

kóla

红酒

bor

啤酒

sör

酒

alkohol

可可

kakaó

茶

tea

咖啡

kávé

意式浓缩咖啡

eszpresszó

卡布奇诺

kapucsínó

香蕉

banán

苹果

alma

橙子

narancs

西瓜

sárgadinnye

柠檬

citrom

胡萝卜

sárgarépa

大蒜

fokhagyma

竹子

bambusz

洋葱

hagyma

蘑菇

gomba

坚果

magvak

面条

nokedli

意大利面条
spagetti

米饭
rizs

沙拉
saláta

薯条
sült krumpli

炸土豆
sült burgonya

披萨饼
pizza

汉堡包
hamburger

三明治
szendvics

炸猪排
hússzelet

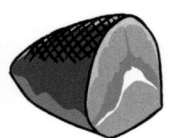

火腿
sonka

萨拉米
szalámi

香肠
kolbász

鸡肉
csirke

烤肉
pecsenye

鱼
hal

燕麦片

zabkása

穆兹利

müzli

玉米片

kukoricapehely

面粉

liszt

羊角面包

croissant

面包卷

zsemle

面包

kenyér

烤面包

pirítós kenyér

饼干

keksz

黄油

vaj

凝乳

túró

蛋糕

sütemény

蛋

tojás

煎蛋

tükörtojás

奶酪

sajt

冰激凌

jégkrém

糖

cukor

蜂蜜

méz

果酱

lekvár

巧克力酱

mogyorókrém

咖喱饭

curry

农场

gazdálkodás

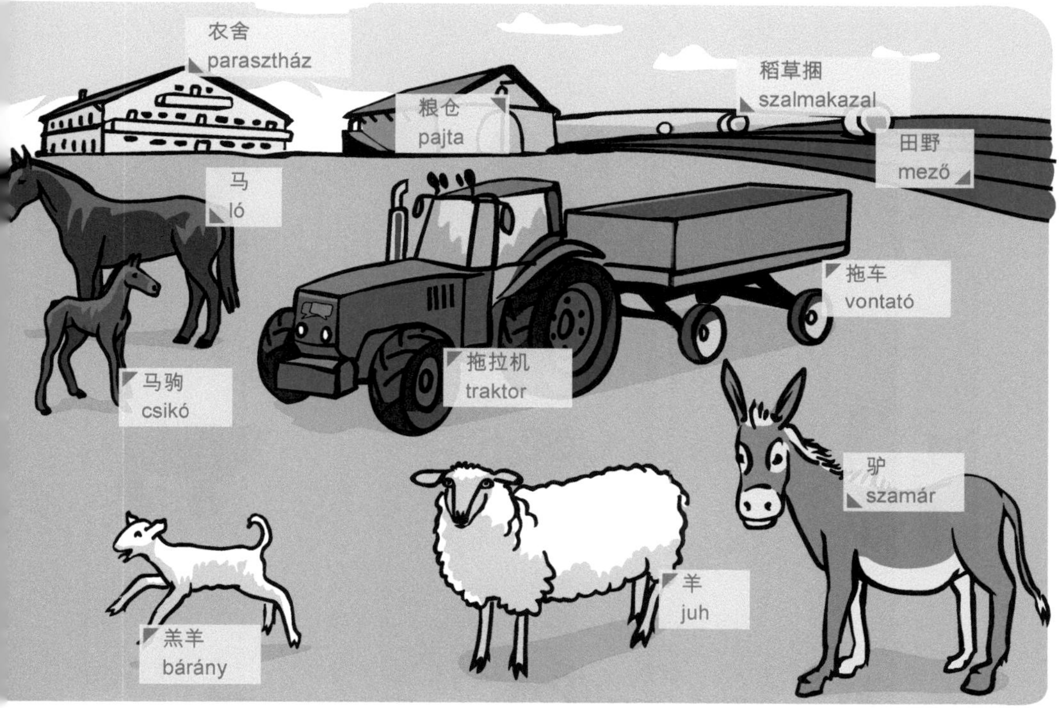

农舍
parasztház
粮仓
pajta
稻草捆
szalmakazal
田野
mező
马
ló
拖车
vontató
马驹
csikó
拖拉机
traktor
驴
szamár
羊
juh
羔羊
bárány

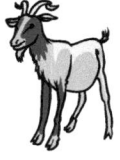

山羊

kecske

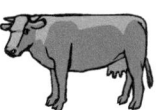

奶牛

tehén

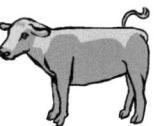

牛犊

borjú

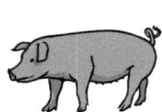

猪

malac

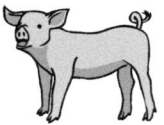

小猪

kismalac

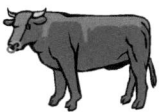

公牛

bika

鹅

liba

鸭

kacsa

小鸡

csibe

母鸡

tojó

公鸡

kakas

鼠

patkány

猫

macska

老鼠

egér

牛

ökör

狗

kutya

狗屋

kutyaház

花园浇水软管

kerti öntözőcső

洒水壶

öntözőkanna

长柄大镰刀

kasza

犁

eke

镰刀

sarló

锄头

kapa

长柄草耙

vasvilla

斧头

fejsze

独轮手推车

talicska

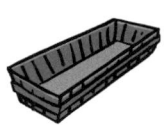

饲料槽

teknő

牛奶罐

tejes kancsó

麻布袋

zsák

栅栏

kerítés

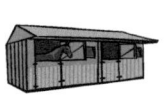

马厩

istálló

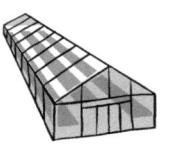

温室

üvegház

土壤

talaj

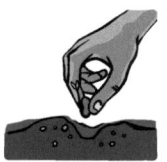

种子

vetőmag

肥料

trágya

联合收割机

cséplőgép

收割

szüretelni

收割

betakarítás

山药

yamgyökér

小麦

búza

大豆

szója

土豆

burgonya

玉米

kukorica

油菜籽

repcemag

果树

gyümölcsfa

树薯

manióka

谷物

gabona

房子
ház

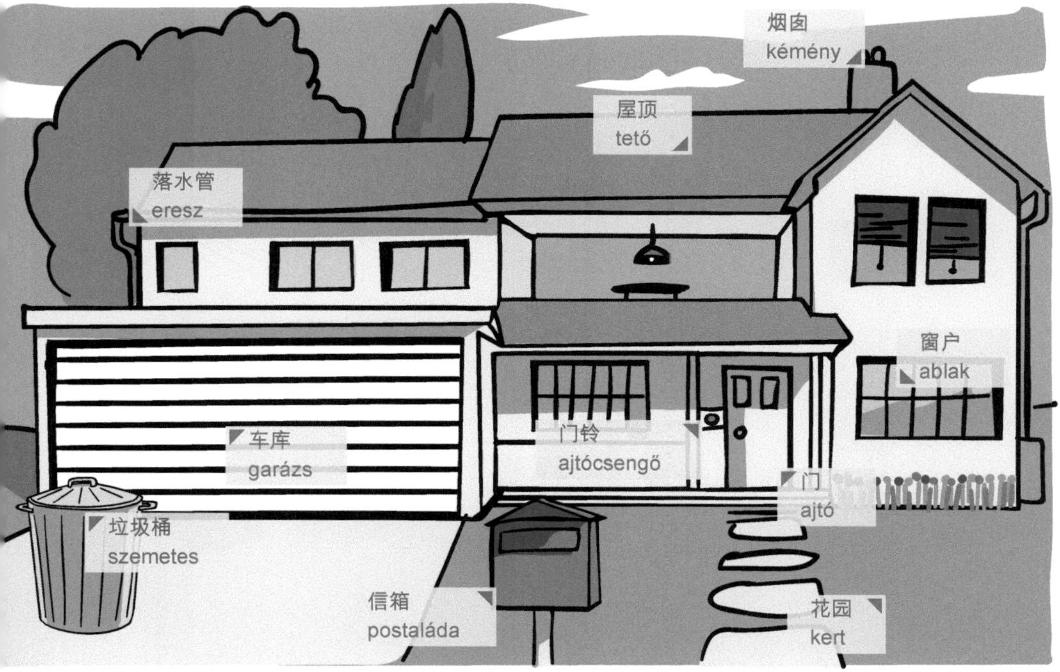

烟囱
kémény
屋顶
tető
落水管
eresz
窗户
ablak
车库
garázs
门铃
ajtócsengő
门
ajtó
垃圾桶
szemetes
信箱
postaláda
花园
kert

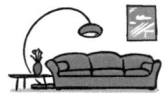

客厅
nappali

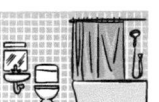

浴室
fürdőszoba

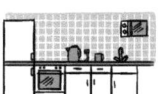

厨房
konyha

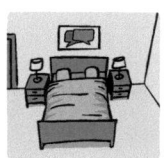

卧室
hálószoba

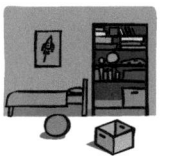

儿童房
gyerekszoba

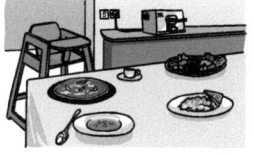

餐厅
ebédlő

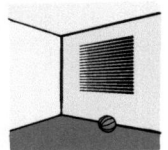

地板

padló

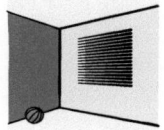

墙壁

fal

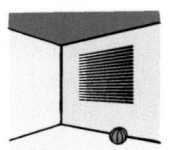

吊顶

plafon

地窖

pince

桑拿

szauna

阳台

erkély

露台

terasz

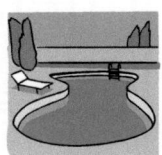

游泳池

medence

割草机

fűnyíró

被单

lepedő

床罩

ágytakaró

床

ágy

扫帚

seprű

水桶

vödör

开关

kapcsoló

房子 - ház

客厅

nappali

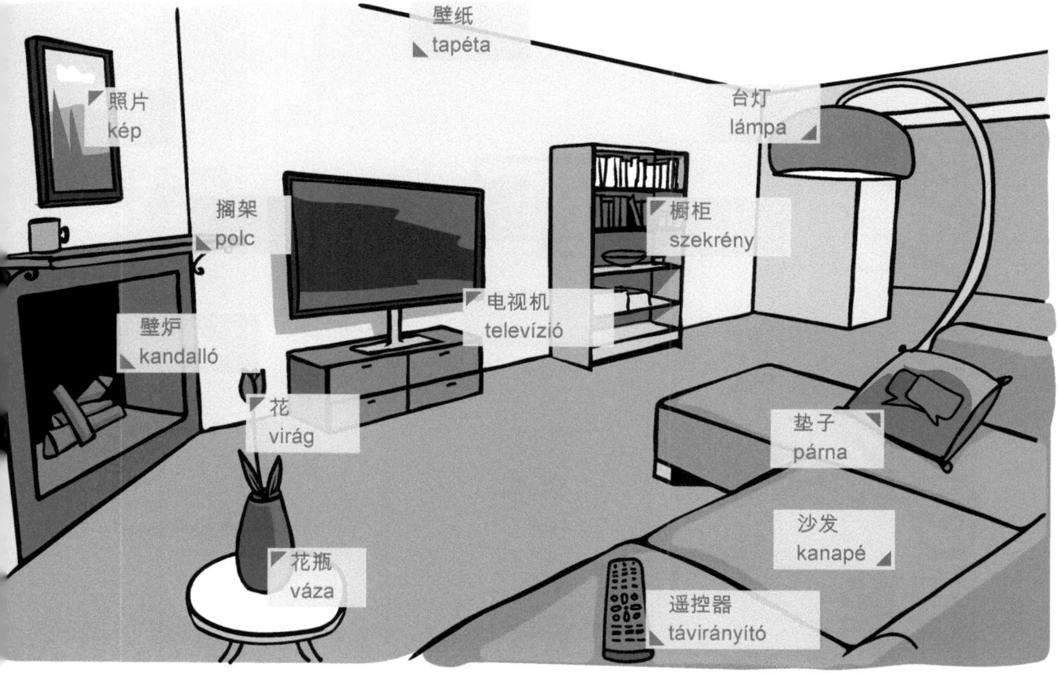
壁纸
tapéta
照片
kép
台灯
lámpa
搁架
polc
橱柜
szekrény
电视机
televízió
壁炉
kandalló
花
virág
垫子
párna
沙发
kanapé
花瓶
váza
遥控器
távirányító

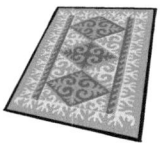

地毯

szőnyeg

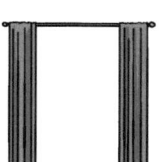

窗帘

függöny

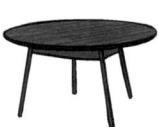

餐桌

asztal

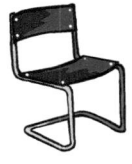

椅子

szék

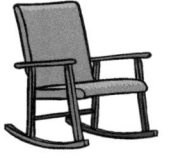

摇椅

hintaszék

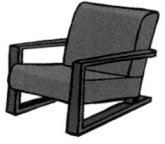

扶手椅

karosszék

书

könyv

毯子

takaró

装饰品

dekoráció

木柴

tűzifa

电影

film

高保真音响

hifi

钥匙

kulcs

报纸

újság

油画

festmény

海报

poszter

收音机

rádió

笔记本

jegyzetfüzet

吸尘器

porszívó

仙人掌

kaktusz

蜡烛

gyertya

厨房
konyha

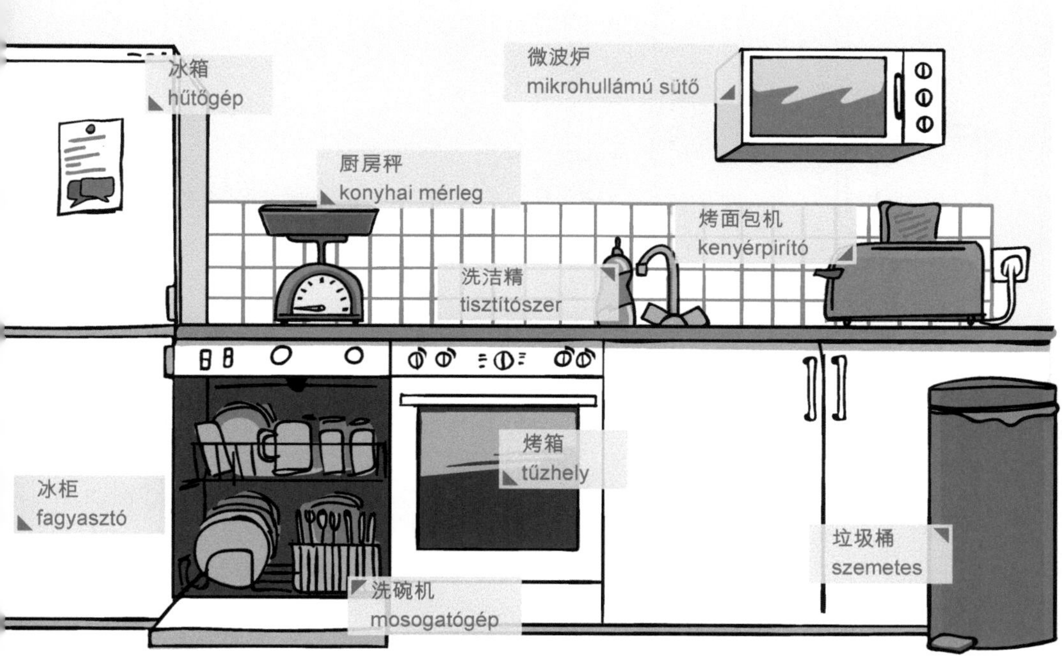
冰箱
hűtőgép
微波炉
mikrohullámú sütő
厨房秤
konyhai mérleg
烤面包机
kenyérpirító
洗洁精
tisztítószer
烤箱
tűzhely
冰柜
fagyasztó
垃圾桶
szemetes
洗碗机
mosogatógép

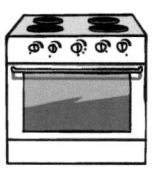

炊具
tűzhely

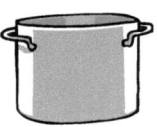

锅
edény

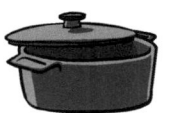

铸铁锅
vasfazék

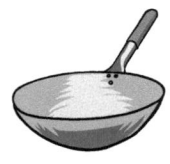

炒锅
wok / kadai

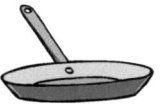

平底锅
serpenyő

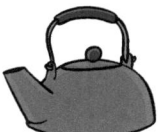

水壶
vízforraló

蒸锅

pároló

烤盘

tepsi

陶瓷锅

étkészlet

马克杯

bögre

碗

tálka

筷子

evőpálcika

长柄勺

merőkanál

铲子

keverőlapátka

搅拌器

habverő

滤网

szűrő

筛子

szita

磨碎机

reszelő

研钵

mozsár

烧烤

grillsütő

明火

kandalló

菜板

vágódeszka

擀面杖

sodrófa

开瓶器

dugóhúzó

罐子

doboz

开罐器

konzervnyitó

隔热手套

edényfogó

水槽

mosogató

刷子

kefe

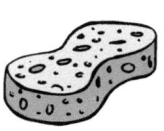

海绵

szivacs

搅拌机

turmixgép

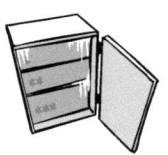

冷藏箱

mélyhűtő

奶瓶

cumisüveg

水龙头

csap

浴室

fürdőszoba

淋浴
zuhany
供暖设备
fűtés
毛巾
törölköző
浴帘
zuhanyfüggöny
泡沫浴
habfürdő
浴缸
kád
玻璃杯
pohár
洗衣机
mosógép
水龙头
csap
瓷砖
csempe
便壶
bili
水槽
mosogató

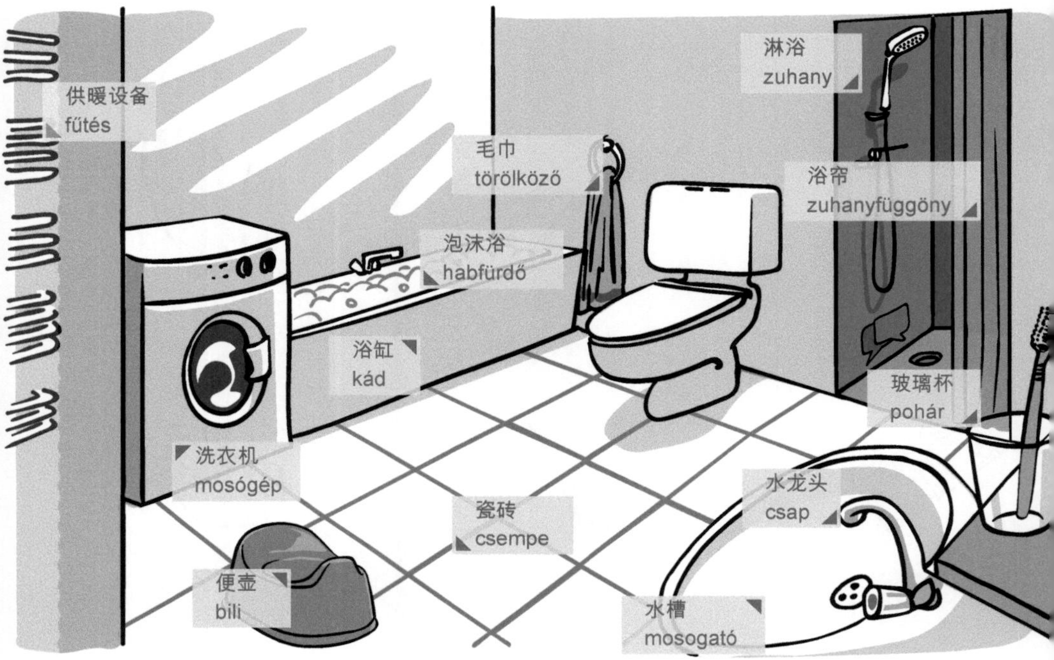

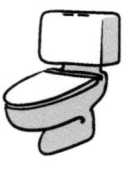

厕所
toalett

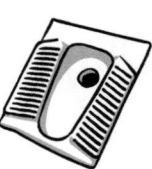

蹲便器
guggolós toalett

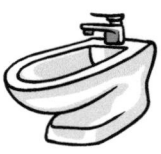

坐浴器
bidé

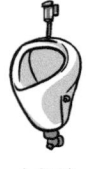

小便池
piszoár

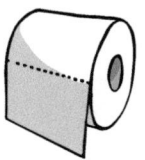

厕纸
toalett papír

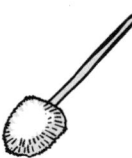

马桶刷
wc kefe

牙刷
fogkefe

牙膏
fogkrém

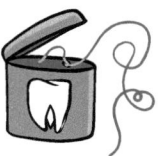

牙线
fogselyem

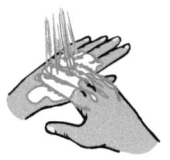

洗
mosni

手持式喷淋头
kézi zuhany

冲洗器
intimzuhany

洗脸盆
mosdótál

擦背刷
hátmosó kefe

肥皂
szappan

沐浴露
tusfürdő

洗发水
sampon

法兰绒
mosdókesztyű

排水
lefolyó

乳霜
krém

除臭剂
dezodor

浴室 - fürdőszoba

镜子
tükör

手镜
kézitükör

剃须刀
borotva

剃须泡沫
borotvahab

须后水
borotválkozás utáni
arcszesz

梳子
fésű

刷子
hajkefe

吹风机
hajszárító

喷发定型剂
hajlakk

化妆品
smink

唇膏
ajakrúzs

指甲油
körömlakk

化妆棉
vatta

指甲剪
körömvágó olló

香水
parfüm

洗漱包

neszesszer

凳子

sámli

计重秤

mérleg

浴袍

köntös

橡胶手套

gumikesztyű

卫生棉条

tampon

卫生巾

egészségügyi betét

化学厕所

vegyi WC

儿童房

gyerekszoba

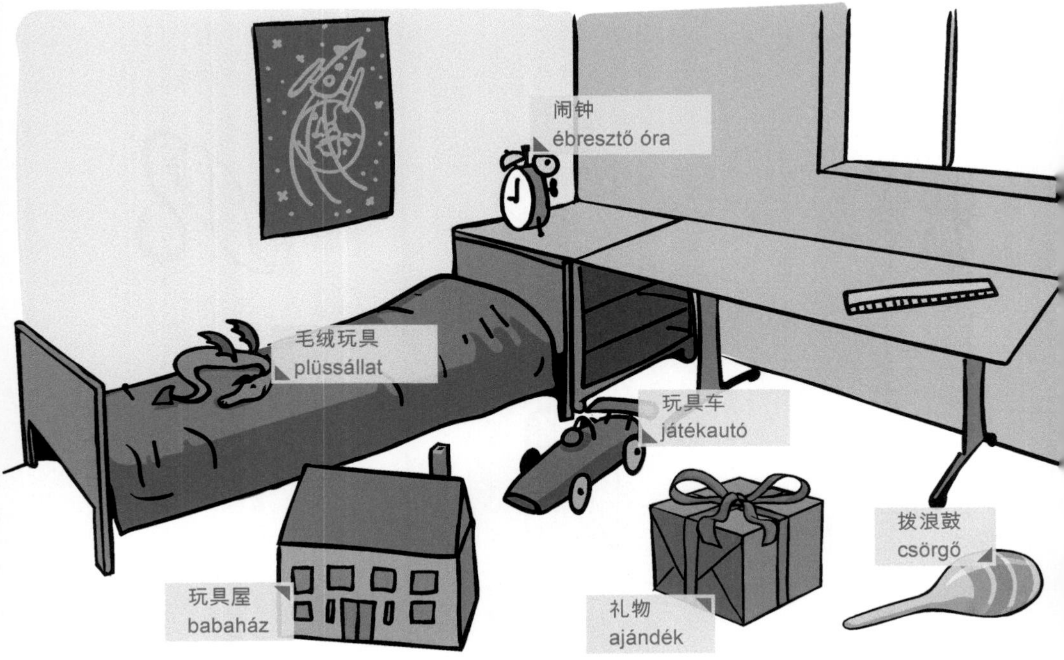

闹钟
ébresztő óra
毛绒玩具
plüssállat
玩具车
játékautó
拨浪鼓
csörgő
玩具屋
babaház
礼物
ajándék

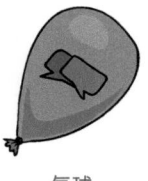

气球

lufi

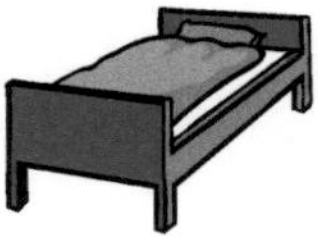

床

ágy

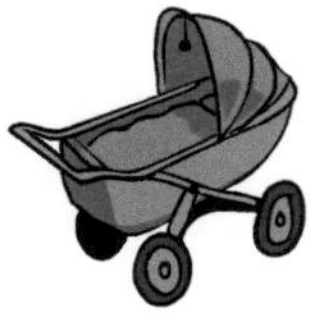

（洋娃娃用）婴儿车

babakocsi

扑克牌

kártyapakli

拼图

kirakós játék

SUPER
MEGA

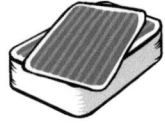

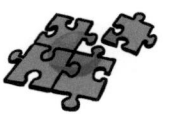

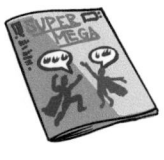

漫画

képregény

乐高积木

építőkockák

积木玩具

építőelem

玩具人

szuperhős

婴儿服

rugdalózó

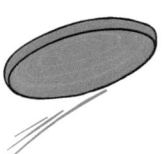

飞盘

frizbi

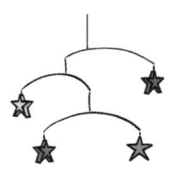

床铃玩具

zenélő forgó

棋盘游戏

társasjáték

骰子

kocka

火车模型

modellvasút

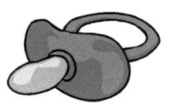

安抚奶嘴

cumi

聚会

zsúr

绘本

képeskönyv

球

labda

洋娃娃

baba

玩

játszani

沙坑

homokozó

秋千

hinta

玩具

játékok

游戏机

videójáték konzol

三轮车

tricikli

泰迪熊

teddi maci

衣柜

ruhásszekrény

衣服

ruházat

袜子

zokni

长袜

harisnya

紧身裤

harisnyanadrág

围巾
sál

雨伞
esernyő

皮带
öv

T恤
póló

运动鞋
tornacipő

靴子
csizma

拖鞋
papucs

凉鞋
szandál

鞋
cipő

雨靴
gumicsizma

内裤
alsónadrág

胸罩
melltartó

背心
mellény

身体
body

裤子
nadrág

牛仔裤
farmer

短裙
szoknya

女式衬衫
blúz

衬衫
ing

套头衫
pulóver

卫衣
kapucnis pulóver

西装夹克
blézer

夹克
dzseki

外套
kabát

雨衣
esőkabát

套装
kosztüm

连衣裙
ruha

婚纱
esküvői ruha

x

西装
öltöny

睡袍
hálóing

睡衣
pizsama

莎丽
szári

头巾
fejkendő

包头巾
turbán

波卡
burka

卡夫坦
kaftán

(阿拉伯式)长袍长袍
abaya

泳衣
fürdőruha

男式泳裤
fürdőnadrág

短裤
rövidnadrág

运动服
tréningruha

围裙
kötény

手套
kesztyű

衣服 - ruházat

纽扣

gomb

眼镜

szemüveg

手链

karkötő

项链

nyaklánc

戒指

gyűrű

耳环

fülbevaló

便帽

sapka

衣架

vállfa

帽子

kalap

领带

nyakkendő

拉链

cipzár

头盔

bukósisak

背带

nadrágtartó

校服

iskolai egyenruha

制服

egyenruha

围兜

előke

安抚奶嘴

cumi

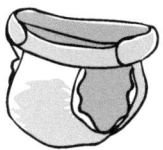

尿不湿

pelenka

办公室

iroda

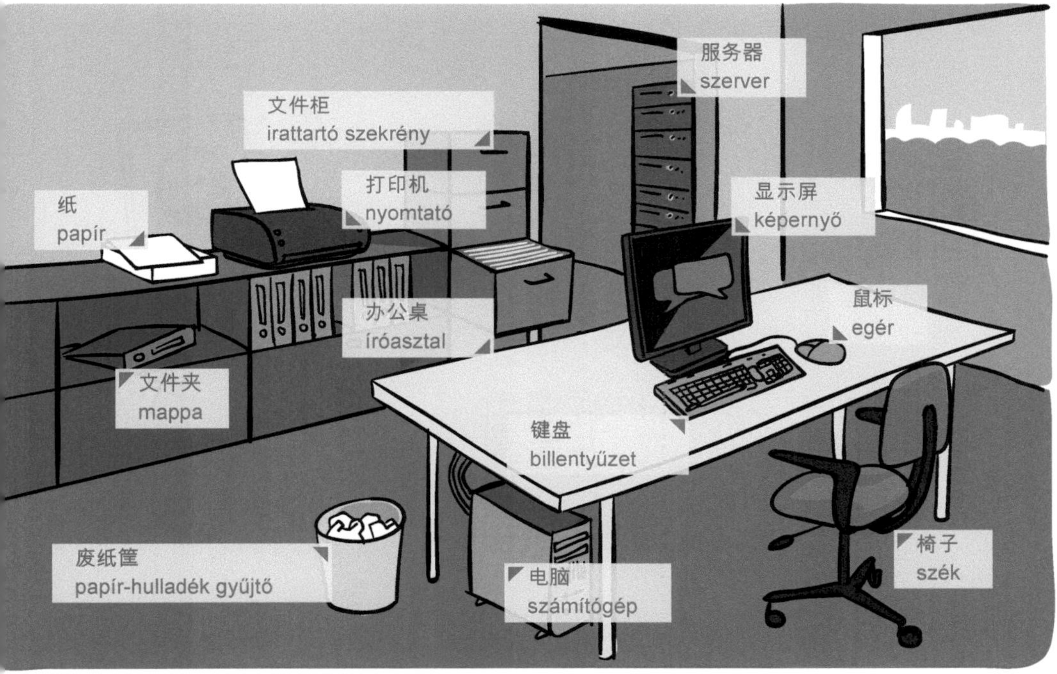

服务器
szerver

文件柜
irattartó szekrény

打印机
nyomtató

显示屏
képernyő

纸
papír

办公桌
íróasztal

鼠标
egér

文件夹
mappa

键盘
billentyűzet

废纸筐
papír-hulladék gyűjtő

电脑
számítógép

椅子
szék

咖啡杯

kávéscsésze

计算器

számológép

因特网

internet

笔记本电脑
laptop

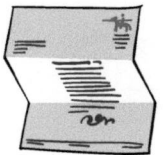

信件
levél

消息
üzenet

手机
mobiltelefon

网络
hálózat

复印机
fénymásoló

软件
szoftver

电话
telefon

插座
konnektor

传真机
faxgép

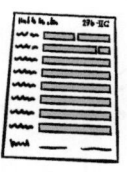

表格
formanyomtatvány

文件
dokumentum

买

venni

付钱

fizetni

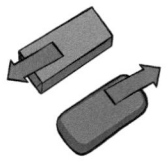

交易

kereskedni

现金

pénz

美元

dollár

欧元

euró

日元

jen

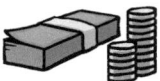

卢布

rubel

瑞士法郎

svájci frank

人民币

kínai jüan

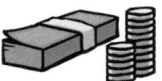

卢比

rúpia

提款处

bankautomata

外币兑换处
valutaváltó iroda

金
arany

银
ezüst

石油
olaj

能源
energia

价格
ár

合同
szerződés

税金
adó

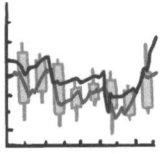

股票
részvény

工作
dolgozni

职员
munkavállaló

老板
munkaadó

工厂
gyár

商店
üzlet

警官
rendőr

消防员
tűzoltó

厨师
szakács

医生
orvos

飞行员
pilóta

园丁

kertész

木匠

kárpitos

裁缝

varrónő

法官

bíró

化学家

vegyész

演员

színész

公交车司机

buszsofőr

出租车司机

taxisofőr

渔夫

halász

清洁女工

bejárónő

屋顶工

tetőfedő

服务员

pincér

猎人

vadász

画家

festő

面包师

pék

电工

villanyszerelő

建筑工人

építőmunkás

工程师

mérnök

屠夫

hentes

水管工

vízvezeték-szerelő

邮递员

postás

士兵

katona

建筑师

építész

收银员

eladó

花农

virágos

理发师

fodrász

售票员

kalauz

机械师

műszerész

船长

kapitány

牙医

fogorvos

科学家

tudós

拉比

rabbi

伊玛目

imám

和尚

szerzetes

牧师

lelkész

工具

szerszámok

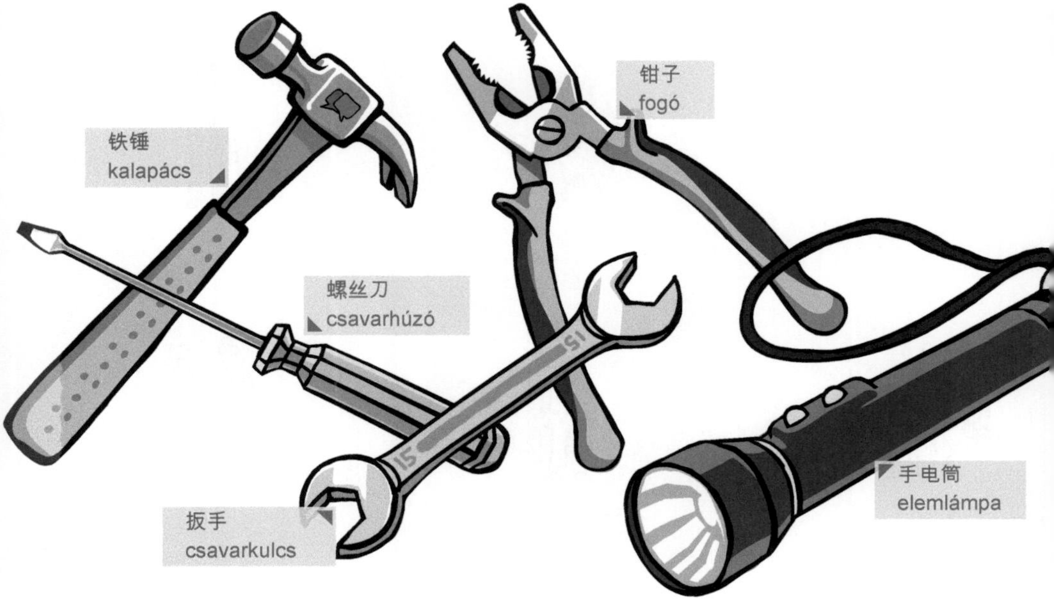
铁锤
kalapács
钳子
fogó
螺丝刀
csavarhúzó
扳手
csavarkulcs
手电筒
elemlámpa

挖掘机

markológép

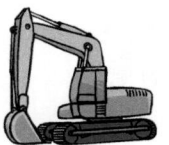

工具箱

szerszámosláda

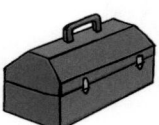

梯子

vödör

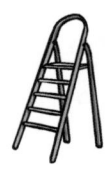

锯子

fűrész

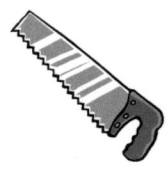

钉子

szög

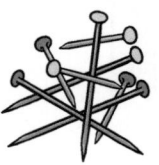

钻机

fúrógép

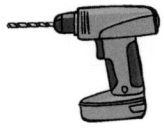

修
....
megjavítani

铲子
....
lapát

靠！
....
A francba!

簸箕
....
szemétlapát

油漆桶
....
festékesdoboz

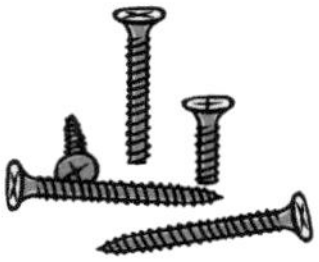

螺丝
....
csavar

乐器

hangszerek

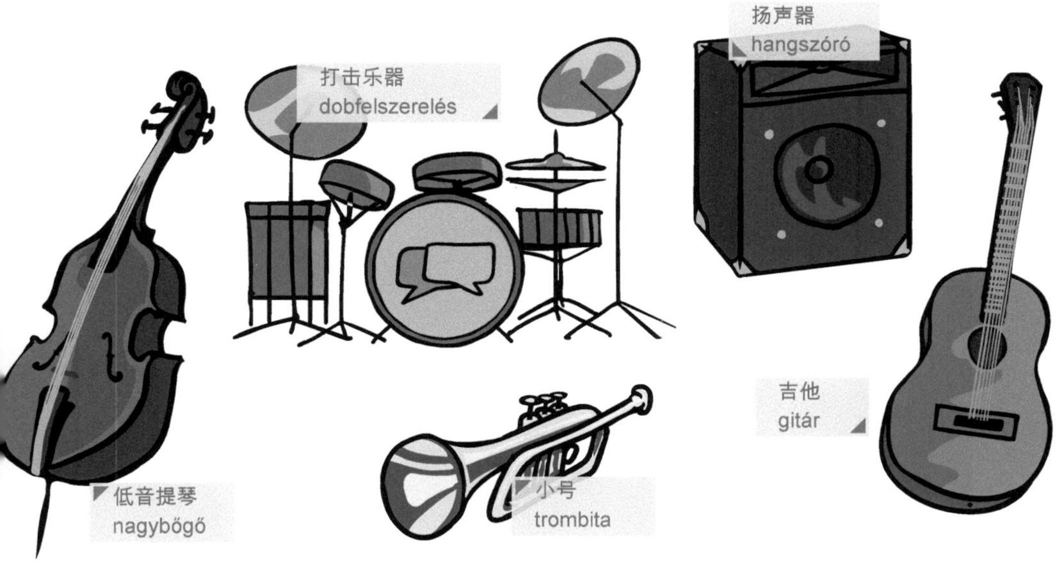

打击乐器
dobfelszerelés

扬声器
hangszóró

低音提琴
nagybőgő

小号
trombita

吉他
gitár

钢琴

zongora

小提琴

hegedű

贝斯

basszusgitár

定音鼓

üstdob

鼓

dobok

电子琴

digitális zongora

萨克斯管

szaxofon

长笛

fuvola

麦克风

mikrofon

动物园

állatkert

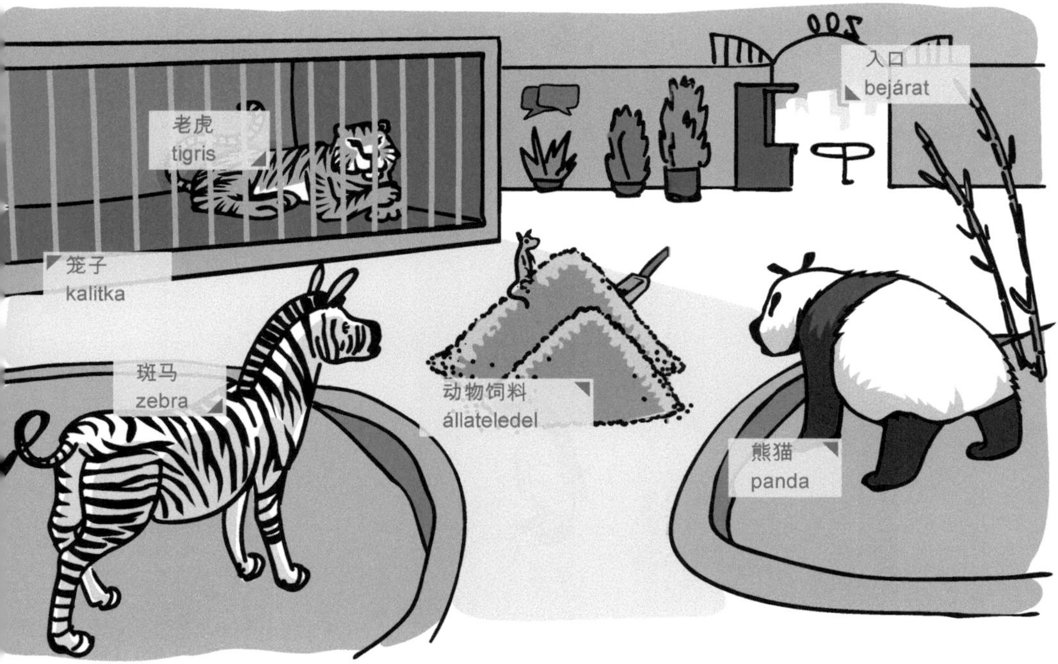

入口
bejárat
老虎
tigris
笼子
kalitka
斑马
zebra
动物饲料
állateledel
熊猫
panda

动物

állatok

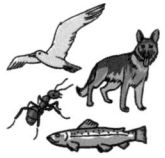

大象

elefánt

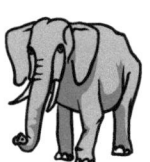

袋鼠

kenguru

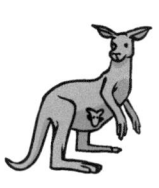

犀牛

orrszarvú

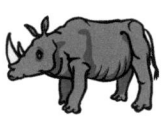

大猩猩

gorilla

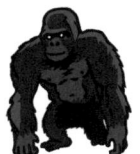

熊

medve

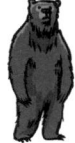

骆驼

teve

鸵鸟

strucc

狮子

oroszlán

猴子

majom

火烈鸟

flamingó

鹦鹉

papagáj

北极熊

jegesmedve

企鹅

pingvin

鲨鱼

cápa

孔雀

páva

蛇

kígyó

鳄鱼

krokodil

动物园管理员

állatgondozó

海豹

fóka

美洲豹

jaguár

矮种马

póniló

豹

leopárd

河马

víziló

长颈鹿

zsiráf

老鹰

sas

野猪

vaddisznó

鱼

hal

龟

teknős

海象

rozmár

狐狸

róka

羚羊

gazella

橄榄球
amerikai futball

骑自行车
kerékpározás

网球
tenisz

篮球
kosárlabda

游泳
úszás

拳击
boksz

冰球
jégkorong

英式足球

futball

羽毛球

tollas

田径

atlétika

手球

kézilabda

滑雪

síelés

马球

lovaspóló

跳
ugrani

笑
nevetni

拥抱
ölelni

走路
sétálni

唱
énekelni

做梦
álmodni

祈祷
dicsérni

亲吻
csókolni

书写
írni

画
rajzolni

展示
mutatni

推
tolni

给
adni

拿
vinni

活动 - tevékenységek   63

有
birtokolni

做
csinálni

当
lenni

站
állni

跑
futni

拉
húzni

扔
hajít

摔倒
esni

躺
hazudni

等待
várni

携带
vinni

坐
ülni

穿衣
felvenni

睡觉
aludni

醒来
felébredni

看
ránézni

哭
sírni

抚摸
simogat

梳头
fésülni

交谈
beszélni

明白
megérteni

问
kérdezni

听
hallgatni

喝
inni

吃
enni

清理
takarítani

爱
szeretni

做饭
főzni

开车
vezetni

飞
szállni

活动 - tevékenységek

航行

vitorlázni

计算

számol

读

olvasni

学习

tanulni

工作

dolgozni

结婚

házasodni

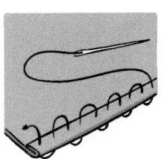

缝

varrni

刷牙

fogat mosni

杀

ölni

抽烟

dohányozni

寄

küldeni

祖母
nagymama

祖父
nagypapa

父亲
apa

母亲
anya

婴童
kisbaba

女儿
lány

儿子
fiú

客人

vendég

阿姨

nagynéni

叔叔

nagybácsi

兄弟

fiútestvér

姐妹

lánytestvér

前额
homlok

眼睛
szem

脸
arc

下巴
áll

乳房
mell

手指
ujj

手
kéz

手臂
kar

肩膀
váll

腿
láb

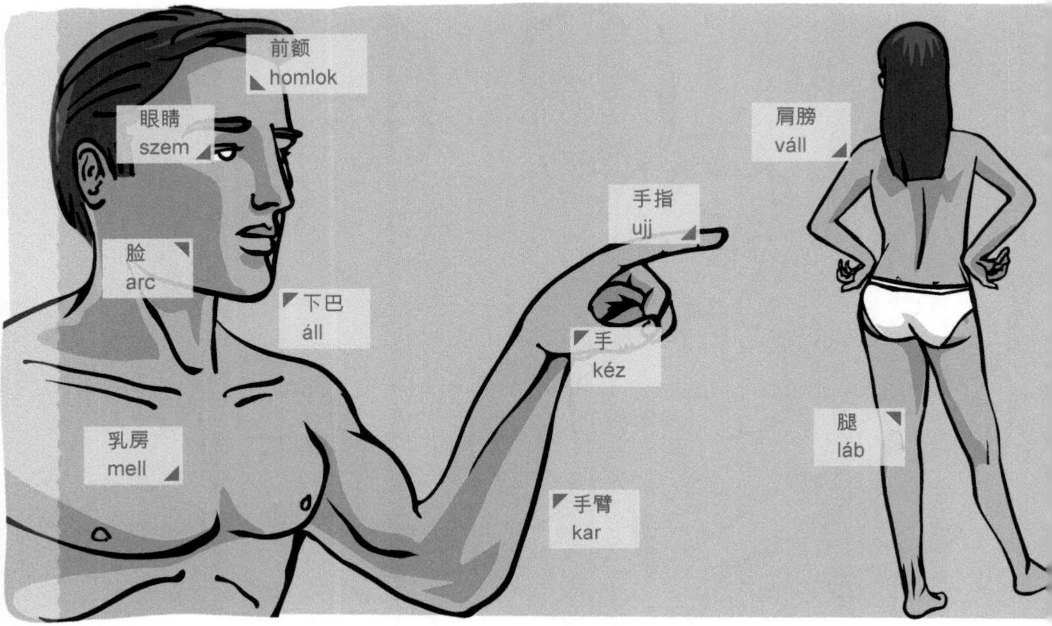

婴童

kisbaba

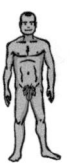

男人

ember

女人

nő

女孩

lány

男孩

fiú

头

fej

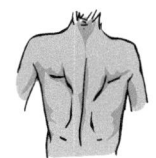

背部

hát

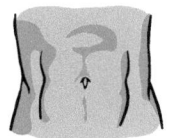

肚子

has

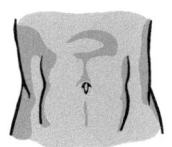

肚脐

köldök

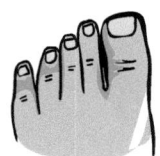

脚趾

lábujj

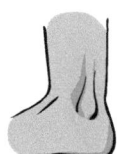

脚后跟

sarok

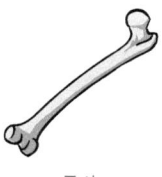

骨头

csont

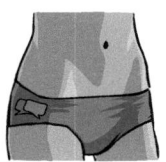

臀部

csípő

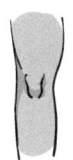

膝盖

térd

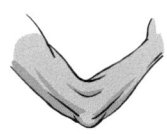

手肘

könyök

鼻子

orr

屁股

fenék

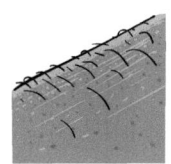

皮肤

bőr

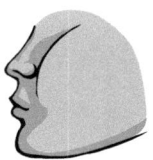

脸颊

orca

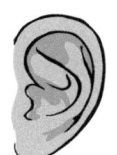

耳朵

fül

嘴唇

ajak

嘴
száj

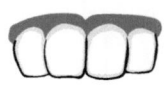

牙齿
fog

舌头
nyelv

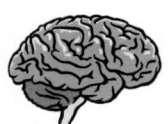

脑
agy

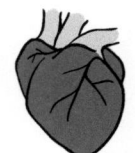

心脏
szív

肌肉
izom

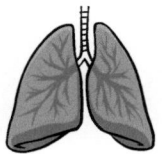

肺
tüdő

肝脏
máj

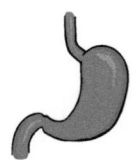

胃
gyomor

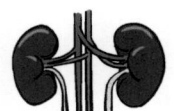

肾脏
vese

性交
szex

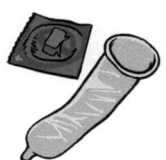

避孕套
kondom

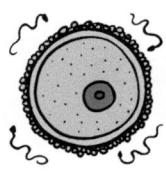

卵子
petesejt

精子
sperma

怀孕
terhesség

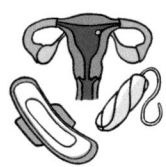

月经

menstruáció

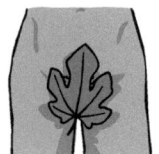

阴道

vagina

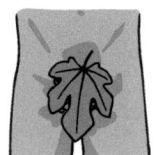

阴茎

pénisz

眉毛

szemöldök

头发

haj

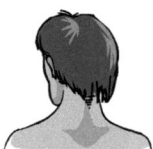

脖子

nyak

医院

kórház

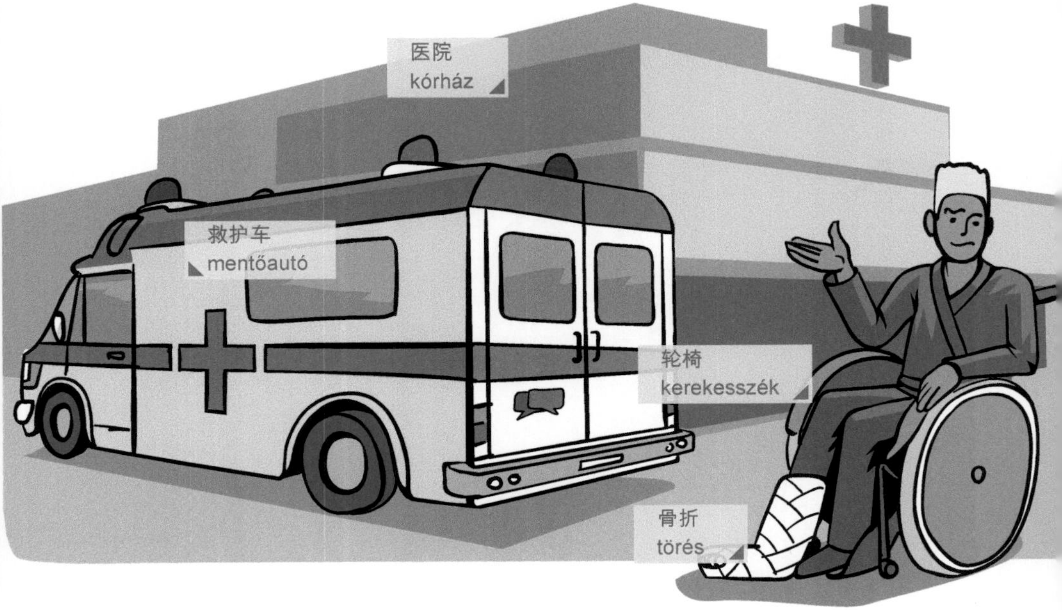

医院
kórház
救护车
mentőautó
轮椅
kerekesszék
骨折
törés

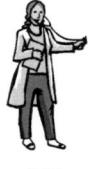

医生

orvos

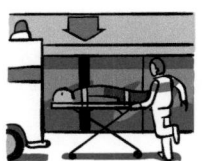

急诊室

sürgősségi osztály

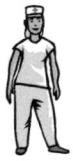

护士

ápoló

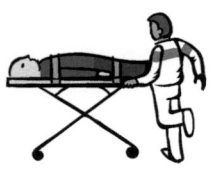

紧急情况

vészhelyzet

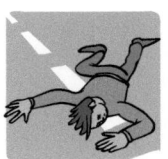

昏迷

eszméletlen

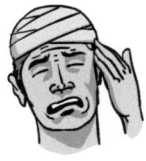

痛

fájdalom

受伤

sérülés

出血

vérzés

心脏病发作

szívroham

中风

szélütés

过敏

allergia

咳嗽

köhögés

发烧

láz

流感

influenza

腹泻

hasmenés

头痛

fejfájás

癌症

rák

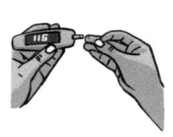

糖尿病

cukorbetegség

外科医生

sebész

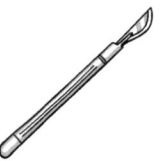

手术刀

szike

手术

műtét

CT
CT

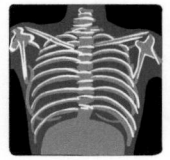

X光
röntgen

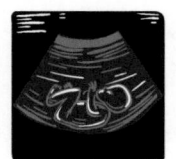

超声波
ultrahang

口罩
arcmaszk

疾病
betegség

候诊室
váróterem

拐杖
mankó

石膏
sebtapasz

绷带
kötszer

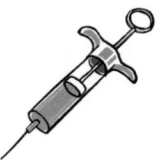

注射
injekció

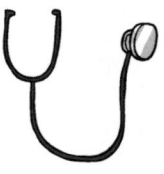

听诊器
sztetoszkóp

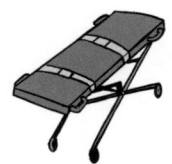

担架
hordágy

体温计
klinikai hőmérő

出生
születés

超重
túlsúly

助听器

hallókészülék

消毒液

fertőtlenítőszer

感染

fertőzés

病毒

vírus

艾滋病

HIV/AIDS

药物

orvosság

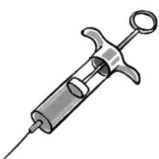

接种疫苗

oltás

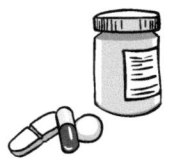

药片

tabletták

药丸

tabletta

急救电话

sürgősségi hívás

血压计

vérnyomásmérő

生病/健康

betegség / egészség

救命！
Segítség!

警报
riasztás

突击
rajtaütés

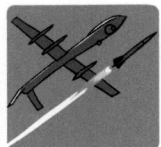

攻击
támadás

危险
veszély

紧急出口
vészkijárat

着火啦！
tűz!

灭火器
tűzoltókészülék

意外
baleset

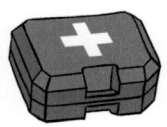

急救箱
elsősegélycsomag

呼救信号
SOS

警察
rendőrség

欧洲

Európa

北美洲

Észak-Amerika

南美洲

Dél-Amerika

非洲

Afrika

亚洲

Ázsia

澳洲

Ausztrália

大西洋

Atlanti-óceán

太平洋

Csendes-óceán

印度洋

Indiai-óceán

南冰洋

Déli-óceán

北冰洋

Jeges-tenger

北极

Északi-sark

南极

Déli-sark

南极洲

Antarktisz

地球

föld

陆地

szárazföld

海

tenger

岛

sziget

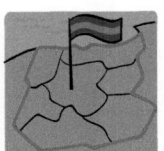

国家

nemzet

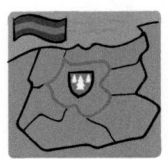

国家

állam

钟面
....
számlap

时针
....
kismutató

分针
....
nagymutató

秒针
....
másodpercmutató

现在几点？
....
Mennyi az idő?

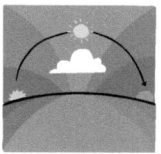

天
....
nap

时间
....
idő

现在
....
most

电子表
....
digitális óra

分
....
perc

时
....
óra

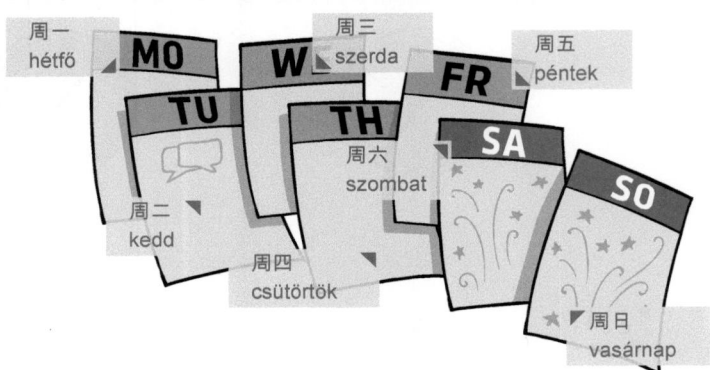

周一 — hétfő
周二 — kedd
周三 — szerda
周四 — csütörtök
周五 — péntek
周六 — szombat
周日 — vasárnap

昨天

tegnap

今天

ma

明天

holnap

早晨

reggel

中午

dél

晚上

este

MO	TU	WE	TH	FR	SA	SU
1	2	3	4	5	6	7
8	9	10	11	12	13	14
15	16	17	18	19	20	21
22	23	24	25	26	27	28
29	30	31	1	2	3	4

工作日

hétköznap

MO	TU	WE	TH	FR	SA	SU
1	2	3	4	5	6	7
8	9	10	11	12	13	14
15	16	17	18	19	20	21
22	23	24	25	26	27	28
29	30	31	1	2	3	4

周末

hétvége

年
év

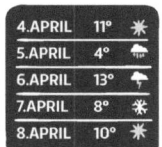

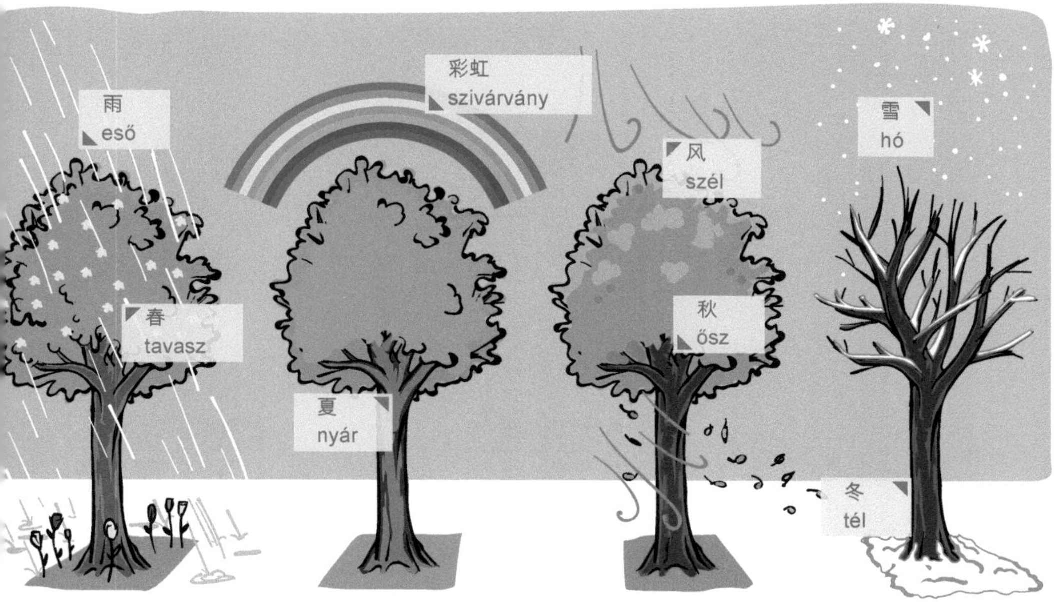

雨
eső
彩虹
szivárvány
风
szél
雪
hó
春
tavasz
夏
nyár
秋
ősz
冬
tél

4.APRIL 11°
5.APRIL 4°
6.APRIL 13°
7.APRIL 8°
8.APRIL 10°

天气预报

időjárás előrejelzés

F C
120 40
90 30
60 20
30 10
0 0
-30 -10
-20

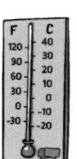

温度计

hőmérő

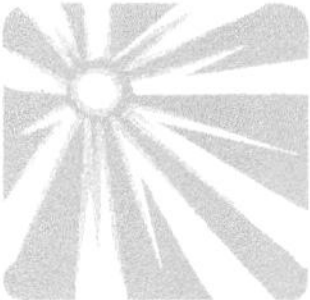

阳光

napsütés

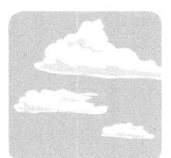

云

felhő

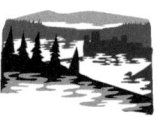

雾

köd

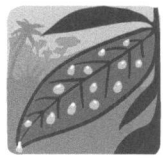

潮湿

páratartalom

闪电

villámlás

打雷

mennydörgés

风暴

vihar

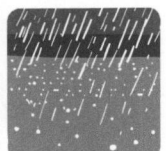

冰雹

jégeső

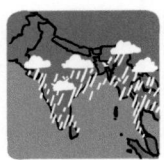

季风

monszun

洪水

áradás

冰

jég

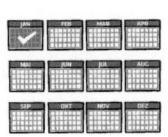

一月

január

二月

február

三月

március

四月

április

五月

május

六月

június

七月

július

八月

augusztus

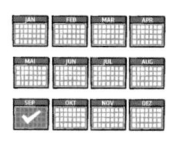

九月

szeptember

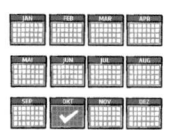

十月

október

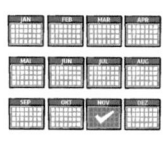

十一月

november

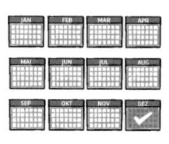

十二月

december

形状

alakzatok

圆形

kör

正方形

négyzet

长方形

téglalap

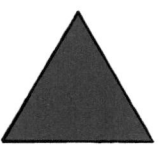

三角形

háromszög

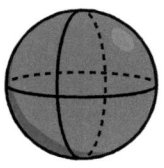

球体

gömb

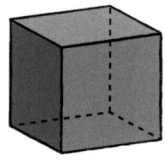

立方体

kocka

白
....
fehér

黄
....
sárga

橙
....
narancs

粉
....
rózsaszín

红
....
piros

紫
....
lila

蓝
....
kék

绿
....
zöld

棕
....
barna

灰
....
szürke

黑
....
fekete

很多/少许

sok / kevés

生气/平静

mérges / nyugodt

美/丑

szép / csúnya

首/尾

kezdet / vég

大/小

nagy / kicsi

明/暗

világos / sötét

兄弟/姐妹

fivér / nővér

干净/肮脏

tiszta / koszos

完整/缺失

teljes / nem teljes

白天/晚上

nappal / éjszaka

死/生

halott / élő

宽/窄

széles / keskeny

可食用/非食用

ehető / nem ehető

邪恶/善良

gonosz / kedves

兴奋/无聊

izgatott / unott

胖/瘦

kövér / vékony

第一/最后

első / utolsó

朋友/敌人

barát / ellenség

满/空

teli / üres

硬/软

kemény / puha

重/轻

nehéz / könnyű

饿/渴

éhség / szomjúság

生病/健康

betegség / egészség

非法/合法

illegális / legális

聪明/愚笨

intelligens / buta

左/右

bal / jobb

近/远

közel / távol

新/旧

új / használt

没有/有些

semmi / valami

老/幼

idős / fiatal

开/关

be / ki

打开/合上

nyitva / zárva

安静/吵闹

csendes / hangos

富/穷

gazdag / szegény

对/错

helyes / helytelen

粗糙/光滑

érdes / sima

伤心/高兴

szomorú / vidám

短/长

rövid / hosszú

慢/快

lassú / gyors

湿/干

nedves / száraz

温暖/凉爽

meleg / hideg

战争/和平

háború / béke

0
零
nulla

1
一
egy

2
二
kettő

3
三
három

4
四
négy

5
五
öt

6
六
hat

7
七
hét

8
八
nyolc

9
九
kilenc

10
十
tíz

11
十一
tizenegy

12
十二
tizenkettő

13
十三
tizenhárom

14
十四
tizennégy

15
十五
tizenöt

16
十六
tizenhat

17
十七
tizenhét

18
十八
tizennyolc

19
十九
tizenkilenc

20
二十
húsz

100
百
száz

1.000
千
ezer

1.000.000
百万
millió

英语

angol

美式英语

amerikai angol

普通话

mandarin kínai

印地语

hindi

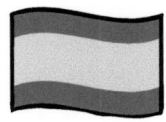

西班牙语

spanyol

法语

francia

阿拉伯语

arab

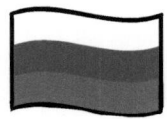

俄语

orosz

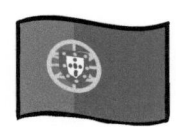

葡萄牙语

portugál

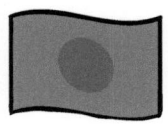

孟加拉语

bengáli

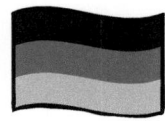

德语

német

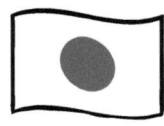

日语

japán

我

én

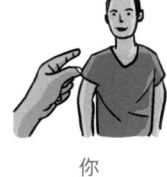

你

te

他/她/它

ö

我们

mi

你们

ti

他们

ök

谁？

ki?

什么？

mi?

怎样？

hogyan?

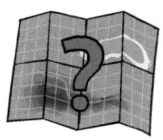

哪里？

hol?

什么时候？

mikor?

名字

név

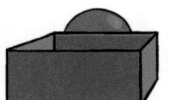

后面
....
mögött

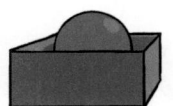

里面
....
benne

前面
....
előtte

上方
....
felette

上面
....
rajta

下面
....
alatta

旁边
....
mellett

中间
....
között

地点
....
hely